왜? 에 답해 주는
어린이 첫 과학책

공룡이 진짜 궁금해!

나는 날아다녀.

나는 목이 아주 길~어.

나랑 비슷한 공룡이 있는지 찾아봐~.

티라노사우루스를 알고 있니?

나보다 힘센 공룡 있으면 나와!

글 카밀라 드 라 베도예르
그림 레이레 마틴

서울문화사

차례

공룡은 언제 살았어요? • 6

공룡은 어떤 동물일까요? • 8

공룡에 대한 놀라운 발견! • 10

목이 긴 공룡은 누구일까요? • 12

공룡의 왕은 누구일까요? • 14

공룡에 대한 신비한 비밀! • 16

초식 공룡은 어떻게 자기 몸을 지킬까요? • 18

공룡은 무엇을 먹을까요? • 20

공룡이 새로 변했다고요? • 22

공룡에 대한 엉뚱한 상상! • 24

용각류 공룡은 거대한 몸집을 어떻게 지탱할까요? • 26

공룡은 왜 사라졌어요? • 28

누가 공룡의 똥을 모을까요? • 30

아직도 궁금한 몇 가지 질문! • 32

퀴즈로 다시 보는 공룡 • 34
상상해 봐요! 재미있는 공룡 • 36
찾아보기 및 교과 연계 • 37
퀴즈 정답 • 38

공룡은 언제 살았어요?

공룡은 사람이 살기 훨씬 오래전인 중생대 (약 2억 4천 5백만 년 전부터 6천 5백만 년 전까지)에 살았어요. 공룡이 살았던 중생대는 트라이아스기, 쥐라기, 백악기로 나뉘지요. 공룡은 '디노사우로모르파'라는 동물에서 *진화했으며, 고양이만 한 크기의 *파충류였다고 해요.

*진화: 오랜 시간 동안 살아가는 환경에 맞춰 변화하는 과정.
*파충류: 온몸이 비늘로 덮여 있고, 주위 온도에 따라 몸의 온도가 변하는 동물.

> 난 디노사우로모르파야. 생물은 오랜 시간 동안 살아가는 환경에 맞춰 끊임없이 변해. 그래야만 변화된 환경에서 살아남을 수 있거든.

> 난 초기에 나타난 공룡 중 하나야. 약 2억 3천만 년 전인 트라이아스기 후기에 살았어.

헤레라사우루스

> 난 백악기 후기에 살았던 공룡이야. 약 7천만 년 전에 지구를 돌아다녔지.

타르보사우루스

공룡은 모두 클까요?

공룡은 종류에 따라 생김새와 크기가 모두 달라요. 고래처럼 몸집이 큰 공룡도 있고, 닭보다 몸집이 작은 공룡도 있지요.

난 몸집이 큰 공룡 중 하나야. 몸길이가 약 35미터(m)나 되고, 몸무게는 70톤(t) 정도 나가지.

아르젠티노사우루스

미크로랍토르는 몸길이가 40~60센티미터(cm)로 몸집이 작은 공룡 중 하나예요.

난 깃털이 달린 네 개의 다리를 펼치고 나무와 나무 사이를 왔다 갔다 할 수 있어.

최초의 공룡은 어디에서 살았어요?

처음 나타났던 공룡들은 '판게아'라는 하나의 거대한 땅덩어리에 살았어요. 이때 살았던 공룡들은 북극에서 남극까지 쭉 걸어 다닐 수 있었지요. 그래서 같은 공룡이 전 세계에서 발견되는 거예요. 지구 역사에서는 이 시기를 '트라이아스기'라고 하며, 이때는 온 세상이 매우 건조하고 더웠어요.

판 게 아

공룡은 어떤 동물일까요?

공룡은 중생대에 살았던 거대한 파충류예요. 파충류인 거북, 뱀, 악어와 친척인 셈이지요. 하지만 일반 파충류는 다리가 무릎부터 90도(°)로 꺾여 있어 기어 다니지만, 공룡은 다리를 일자로 뻗을 수 있어 똑바로 서서 걸을 수 있답니다.

마이아사우라

어떤 공룡이 새끼를 돌보나요?

마이아사우라 어미는 둥지 속의 알과 새끼를 돌봐요. 배고픈 트로오돈이 잡아먹지 못하게 알과 새끼를 정성스럽게 지키지요.

얘들아, 조심해! 저기 배고픈 트로오돈이 눈을 크게 뜨고 너희를 노리고 있어!

트로오돈은 커다란 눈과 날카로운 발톱을 가진 똑똑한 공룡이에요.

공룡의 이름은 어떻게 지어요?

공룡의 생김새나 특징을 보고 이름을 짓거나 발견된 장소, 발견한 사람의 이름을 따서 짓기도 해요. 공룡의 이름은 대부분 하나 이상의 낱말로 만들어져요. 낱말의 뜻을 잘 살펴보면 공룡에 대해 더 많이 알 수 있어요.

카르카로돈토사우루스: 상어 이빨 도마뱀
티라노사우루스: 폭군 도마뱀
구안롱: 관을 쓴 용
마이아사우라: 착한 어미 도마뱀
트리케라톱스: 세 개의 뿔이 달린 얼굴
토로사우루스: 황소 도마뱀
메이 롱: 잠자는 용

티라노사우루스가 누구야?

새와 비슷한 모습을 가진 메이 롱은 깃털로 덮여 있어요.

공룡은 털이 있을까요?

몸이 비늘로 덮인 공룡은 털이 없지만, 깃털이 나는 경우가 있어요. 어떤 공룡은 지금의 새처럼 기다란 깃털을 가지고 있었다고 해요. 솜털처럼 푹신푹신한 깃털이 몸을 따뜻하게 해 주었답니다.

유티라누스는 몸길이가 약 9미터이며, 온몸이 푹신푹신한 깃털로 덮여 있어 '깃털 달린 폭군'이라 불러요.

공룡에 대한 놀라운 발견!

다 자란 티라노사우루스는 버스만큼 **무겁고**, 몸길이도 **길어요.** 머리뼈가 무척 무거워서 번쩍 들려면 무거운 짐을 나르는 차가 필요할 정도지요.

메갈로사우루스는 최초로 이름이 붙여진 공룡이에요. 1676년, 메갈로사우루스의 넓적다리뼈를 발견했을 때 사람들은 그 뼈가 거인의 뼈라고 생각했어요.

***육식 공룡**은 이빨이 안으로 약간 굽은 형태이고 길며, 날카로워요.

*육식 공룡: 동물의 고기를 먹는 공룡.

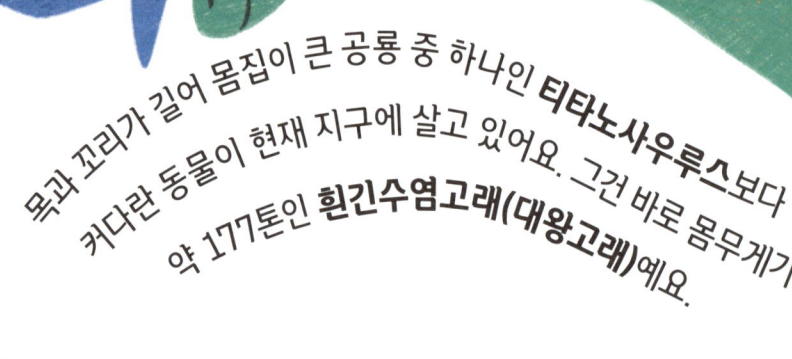

목과 꼬리가 길어 몸집이 큰 공룡 중 하나인 **티타노사우루스**보다 커다란 동물이 현재 지구에 살고 있어요. 그건 바로 몸무게가 약 177톤인 **흰긴수염고래(대왕고래)**예요.

***초식 공룡**은 뭉툭한 이빨을 가지고 있어요.

*초식 공룡: 풀이나 열매, 나뭇잎 등을 먹는 공룡.

공룡은 네발 또는 두 발로 **걸어** 다녀요.
수영을 할 줄 아는 공룡도 있었죠.
어떤 공룡은 나무 사이를 건너다니며
짧게 **비행**할 수 있었어요.

공룡은 **무릎뼈**가 없는데,
그 이유는 아직 아무도
모른답니다.

두 발로 걷는 공룡인
티라노사우루스와
타르보사우루스는 발끝으로
균형을 잘 잡았다고 해요.

공룡 시대에 바다를 누볐던
어룡은 물고기와 돌고래를 닮은
거대한 해양 파충류로,
공룡이 아니에요.
땅 위에 살았던 파충류만
공룡에 포함되기 때문이지요.

목이 긴 공룡은 누구일까요?

마멘키사우루스의 목 길이는 약 12미터가 넘어요. 전체 몸길이의 반 이상을 차지할 정도로 길죠.

브라키오사우루스는 용각류 공룡으로 목이 아주 길어요. 용각류는 공룡 중에서 몸집이 가장 크고, 목이 긴 초식 공룡의 무리를 말해요. 목이 길어서 높은 나무에 달린 나뭇잎을 따 먹을 수 있지요. 커다란 몸집을 유지하기 위해 매일매일 1톤 이상의 풀을 먹어요.

마멘키사우루스

브라키오사우루스

파라사우롤로푸스

공룡은 어떤 소리를 냈을까요?

공룡이 어떤 소리를 냈을지는 아무도 몰라요. 으르렁, 짹짹, 찍찍 소리를 냈을까요? 아니면 소리를 내지 않았을 수도 있어요. 파라사우롤로푸스는 속이 텅 빈 기다란 볏이 머리에 달려 있어요. 이 볏에 공기를 불어 넣어 높은 소리를 냈다고 해요.

공룡의 왕은 누구일까요?

공룡의 왕은 티라노사우루스예요.
날카로운 이빨과 강력한 턱의 힘으로
사냥감을 한번 물면 놓지 않아요. 튼튼한 뒷다리로
빠르게 달리며 사냥하는 최강 공룡이지요.
몸길이가 약 13미터, 몸무게는 7톤 정도로
몸집이 아주 커다란 육식 공룡이랍니다.

티라노사우루스는 사나운 육식 공룡이야. 나 같은 초식 공룡은 티라노사우루스를 보기만 해도 무서워서 벌벌 떨지.

앗, 깜짝이야!

티라노사우루스는 얼마나 무섭나요?

티라노사우루스는 이빨이 최대 30센티미터까지도
자란다고 해요. 먹잇감을 뼈째 으드득 씹어 먹을 정도로
무는 힘이 세서 가장 무시무시한 공룡으로 꼽힌답니다.

발톱이 무척 날카로워요.

티라노사우루스는 언제 살았어요?

티라노사우루스는 백악기 후기에 살았어요. 지금까지 과학자들은 북아메리카에서 약 50개의 티라노사우루스 뼈를 발견했어요.

몸 전체가 비늘로 덮여 있어요. 깃털을 지녔다는 주장도 있지만 아직 확실히 밝혀지지 않았죠.

내 앞발은 왜 이렇게 작지?

티라노사우루스는 앞발이 작지만, 날카로운 발톱을 가지고 있어요. 먹잇감을 가슴 가까이에 움켜쥐고 강력한 턱과 날카로운 이빨로 씹어 먹지요.

눈알이 오렌지처럼 커요.

길고 뾰족한 이빨이 빼곡해요.

후각이 뛰어나고, 시력이 좋아요.

공룡에 대한 신비한 비밀!

10

공룡알의 크기는 다양해요. 약 10센티미터로 작은 것도 있고, 30센티미터 정도로 큰 것도 있지요.

3

테리지노사우루스는 앞발에 긴 발톱이 3개 있어요. 가장 긴 발톱은 길이가 71센티미터라고 해요. 거대한 앞 발톱으로 나무껍질을 벗기거나 적과 싸울 때 무기로 사용했을 거예요.

1905년에 티라노사우루스의 뼈가 처음으로 박물관에 전시되었어요. 거대한 티라노사우루스의 뼈는 인기가 무척 많았다고 해요.

50

매년 약 50종류의 공룡이 발견되고 있어요.

티라노사우루스는 *시속 약 **30**킬로미터(㎞)의 속도로 달릴 수 있어요. 코끼리보다는 빠르지만, 말보다는 훨씬 느려요.

*시속: 1시간 동안의 진행 거리로 나타내는 속도.

어떤 공룡은 성장 속도가 무척 빨라서 **30**살이 되기 전에 죽었을 거예요.

백악기에는 지구의 온도가 지금보다 **6**도(℃) 정도 더 높아 더웠어요. 날씨가 덥고 습하다 보니 북극까지 숲이 울창하게 자랐지요.

19 마멘키사우루스의 목뼈는 19개로, 지금까지 발견된 공룡 중 목뼈 수가 가장 많아요.

2 갓 태어난 티라노사우루스는 비둘기만 한 크기지만, 엄청나게 빠르게 자라요. 10살이 된 티라노사우루스는 매일 약 2킬로그램(kg)씩 몸무게가 늘었지요.

쥐라기는 **5500**만 년 동안 계속되었어요. 쥐라기에 하나의 거대한 땅덩어리였던 '판게아'가 갈라지기 시작했어요.

초식 공룡은 어떻게 자기 몸을 지킬까요?

초식 공룡은 무시무시한 육식 공룡의 공격을 막아 내기 위한 자신만의 특별한 방패를 가지고 있어요. 안킬로사우루스의 등은 딱딱한 뼈로 된 갑옷으로 덮여 있어요. 이 갑옷 덕분에 육식 공룡의 날카로운 발톱과 뾰족한 이빨을 막을 수 있었지요.

안킬로사우루스

안킬로사우루스의 꼬리에는 무엇이 달렸나요?

쾅!

난 백악기 후기에 살았던 안킬로사우루스야. 꼬리 끝에 커다란 뼈 뭉치가 달려 있어. 그 단단한 뼈 뭉치를 곤봉처럼 휘둘러서 적으로부터 내 몸을 지키지.

공룡은 무엇을 먹을까요?

초식 공룡은 풀이나 열매, 나뭇잎 등 식물을 먹어요. 고기를 먹는 육식 공룡은 다른 공룡들을 잡아먹지요. 그리고 몇몇 공룡은 눈에 띄는 거라면 뭐든지 먹는답니다.

> 난 육식 공룡인 데이노니쿠스야. 엄청나게 큰 갈고리 모양의 발톱을 사용해서 먹잇감을 사냥하지. 난 머리가 똑똑하고 시력이 좋아.

데이노니쿠스는 빠른 속도로 달리며 무리 지어 사냥해요.

사우로펠타

> 난 초식 공룡인 사우로펠타야. 몸이 단단한 뼛조각과 가시로 덮여 있어서 데이노니쿠스라도 날 공격하기는 쉽지 않을 거야.

티라노사우루스는 얼마나 먹을까요?

냠냠!

몸집이 무척 큰 육식 공룡인 티라노사우루스는 하루에 약 110킬로그램 이상의 고기를 먹어요. 햄버거 1000개가 넘는 양이에요.

나 같은 초식 공룡은 발밑에 있는 풀이나 낮은 나무에 있는 나뭇잎을 뜯어 먹지.

난 타조처럼 튼튼한 다리를 가지고 있어서 빠르게 달릴 수 있어. 새처럼 입이 부리로 되어 있고, 이빨은 없어. 곤충이나 과일, 나뭇잎, 도마뱀 등 여러 종류의 먹이를 먹는 잡식 공룡이야.

데이노니쿠스

오르니토미무스

공룡은 빨리 달릴 수 있을까요?

초식 공룡은 천천히 움직이지만, 먹잇감을 사냥하는 육식 공룡이나 잡식 공룡은 빠르게 뛰어다녀요.

오르니토미무스는 시속 35킬로미터 이상의 빠른 속도로 달릴 수 있어요.

공룡이 새로 변했다고요?

생물은 오랜 시간 동안 살아가는 환경에 맞춰 변화한다고 했지? 지금 하늘을 날고 있는 새도 끊임없이 진화해서 지금의 모습이 된 거래.

오랜 시간이 지나자,
어떤 공룡은 새처럼 날개와 깃털이 달린
몸으로 진화하기 시작했어요.
그래서 1억 5천만 년 전에 최초의 새인
'시조새'가 나타났지요. 시조새는 '새의 조상'이라고
하지만 지금의 새와는 다른 점이 많답니다.

최초의 새는 누구일까요?

난 공룡 시대에 나타난 최초의 새, 시조새야. 날개에 달린 커다란 세 개의 발톱이 공룡의 흔적이지. 부리에는 날카로운 이빨이 있고, 기다란 꼬리뼈도 있어. 지금의 새처럼 잘 날지는 못하고, 높은 곳에서 떨어지며 바람을 타고 날아다녔지.

공룡에 대한 엉뚱한 상상!

우리가 만약 공룡이라면 어미 공룡으로 **마이아사우라**가 좋을까요, 아니면 **마중가톨루스**가 좋을까요? 과학자들은 마중가톨루스가 가족을 잡아먹었을지도 모른다고 생각해요.

티라노사우루스처럼 멋지게 **싸울래요?** 아니면 익룡처럼 하늘을 훨훨 **날아다닐래요?**

빨리 달리는 갈리미무스가 될래요? 아니면 **느리게 움직이는** 스테고사우루스가 될래요?

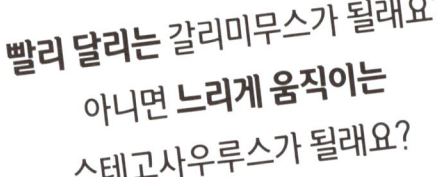

티라노사우루스처럼 **날카로운 이빨**을 갖고 싶나요? 아니면 수퍼사우루스처럼 **긴 목**을 갖고 싶나요?

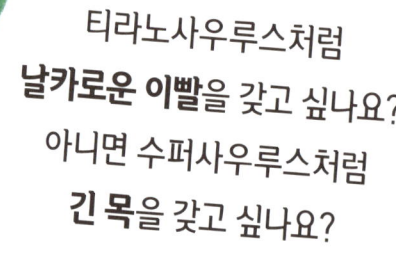

긴 목과 꼬리를 가진 용각류 공룡이 된다면,
긴 꼬리로 **첨벙첨벙 물장난**을 치고 싶나요?
아니면 아이들이 **미끄럼틀**처럼
타고 놀게 하고 싶나요?

브라키오사우루스처럼 몸집이 **크고** 싶어요?
아니면 미크로랍토르처럼 몸집이 **작고** 싶어요?

온몸이
부드럽고 푹신푹신한 깃털로
덮인 게 좋겠어요?
아니면 머리에 **뾰족한** 뿔이
자랐으면 좋겠어요?

무시무시한 타르보사우루스와
차를 마시고 싶어요?
아니면 스테고사우루스의 등을 **쓰다듬어** 주고 싶어요?
아니면 카르카로돈토사우루스를
꼭 **껴안고** 싶어요?

용각류 공룡은 거대한 몸집을 어떻게 지탱할까요?

용각류 공룡은 거대한 몸집을 지탱하는 기둥 모양의 두꺼운 다리와 튼튼한 근육을 가지고 있어요. 또한 머리가 작으며, 뼈에 공기주머니가 있어서 몸을 가볍게 해 주지요. 그렇지 않았다면 훨씬 무거웠을 거예요. 용각류 공룡은 몸집이 엄청 크기 때문에 육식 공룡들도 함부로 덤빌 수 없었어요.

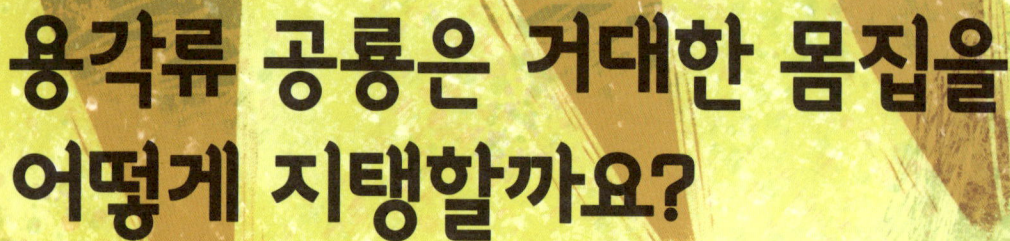

공룡이 차를 부술 수 있을까요?

아르젠티노사우루스의 몸무게는 약 70톤이나 돼요. 차 위에 앉으면 순식간에 차가 찌그러질 수 있어요. 티라노사우루스는 날카로운 이빨과 강력한 턱 힘으로 차를 한입에 부술 수 있지요.

와그작!

브라키오사우루스

난 기린보다 키가 세 배 이상 커!

벨로키랍토르의 강력한 무기는 무엇일까요?

날렵한 새처럼 생긴 벨로키랍토르는 발에 낫 모양의 갈고리발톱이 있어요. 벨로키랍토르는 사냥감을 향해 높이 뛰어올라, 날카로운 갈고리발톱으로 찍어 공격했다고 해요.

공룡은 왜 사라졌어요?

오랜 시간 동안 지구를 지배했던 공룡에게
큰 재앙이 닥쳤어요. 우주에서 날아온 거대한
소행성이 지구와 충돌했지요.
큰 파도가 몰아치면서 홍수가 일어나고,
화산 폭발이 일어난 후에는 엄청난 화산재가
하늘을 뒤덮었을 거예요.

지구가 어떻게 변했나요?

지구는 춥고 어두워졌어요.
식물이 자라지 못해서 먹을 게 거의 없었죠. 그 후 몇 천 년이 지나자
공룡을 포함한 많은 동물이 사라졌어요.

공룡은 다른 동물과 함께
죽어 가기 시작했어요.

공룡 화석은 어디에서 찾을 수 있어요?

공룡 화석은 전 세계에서 발견되고 있어요. 주로 진흙이나 모래가 굳어져 생긴 암석에서 잘 찾을 수 있어요. 또 물속의 조개껍데기 등이 쌓여 만들어진 석회암에서도 공룡 화석이 발견된답니다.

거대한 공룡 이빨의 주인은 누구일까요?

이 화석은 티라노사우루스 이빨이야! 다 자란 티라노사우루스는 엄청나게 큰 이빨이 약 50개 있고, 오래된 이빨이 빠지거나 부러지면 새 이빨이 나와.

오랜 시간이 지나면 공룡의 뼈가 모래나 진흙에 파묻혀서 돌로 변해요. 그러면 화석이 되는 거예요.

비나 바람 때문에 땅이 깎이면 내 뼈가 밖으로 드러나지.

아직도 궁금한 몇 가지 질문!

공룡의 왕 티라노사우루스와 맞먹는 공룡은 누구일까요?

무시무시한 스피노사우루스일 거예요. 튼튼한 뒷다리로 날렵하게 움직여 사냥해요. 악어처럼 날카로운 이빨과 강력한 턱이 스피노사우루스의 가장 큰 무기랍니다.

공룡의 종류는 얼마나 많아요?

지금까지 약 2천 종의 공룡이 발굴돼서 이름이 붙여졌어요. 그리고 새로운 공룡이 계속 발견되고 있어요.

브라키오사우루스는 왜 돌을 먹었을까요?

많은 양의 식물을 먹는 브라키오사우루스는 배 속에 있는 질긴 풀을 잘게 부수기 위해 돌을 꿀꺽 삼켰다고 해요.

공룡은 똑똑했나요?

똑똑한 공룡도 있어요. 트로오돈은 작은 몸집에 비해 뇌가 아주 커서 영리했죠. 덕분에 앵무 정도의 지능을 가졌을 거라고 해요.

벨로키랍토르는 얼마나 빨리 달려요?

벨로키랍토르는 시속 60킬로미터까지 달릴 수 있어요. 빠른 속도와 날카로운 발톱을 가진 벨로키랍토르를 피해 도망갈 수 있는 동물은 거의 없었을 거예요.

익룡은 날아다니는 공룡인가요?

익룡은 공룡이 아니에요. 익룡은 공룡이 나타나기 전부터 있었던 파충류 무리에 속해요.

어떤 공룡이 낚시를 할 수 있나요?

아마 데이노케이루스가 할 수 있을 거예요. 데이노케이루스는 2미터가 넘는 기다란 앞발과 날카로운 발톱을 가지고 있지요. 앞다리를 쭉 뻗어서 강에서 물고기를 낚아챌 수 있었을 거예요.

어떤 공룡이 고약한 냄새를 좋아해요?

타르보사우루스는 뛰어난 사냥꾼이에요. 하지만 시체에서 나는 고약한 냄새를 따라가 죽은 동물을 먹기도 했어요.

사이가 좋은 공룡이 있나요?

이구아노돈 같은 몇몇 공룡은 무리 지어서 평화롭게 살았을 거예요. 티라노사우루스는 여러 마리가 함께 무리 지어 사냥했을 수도 있지만, 서로 사이가 좋지는 않았을 거 같아요.

퀴즈로 다시 보는 공룡

★ 정답은 38쪽에 있어요!

1 초성 퀴즈를 맞혀 보세요.

풀이나 열매, 나뭇잎 등을 먹는 공룡을 초식 공룡이라 하고, 동물의 고기를 먹는 공룡을 ㅇ ㅅ 공룡이라 해요.

(   )(   )

2 공룡의 이름을 짓는 방법으로 틀린 설명은? (   )

① 공룡의 생김새나 특징을 보고 지어요.
② 숫자 1부터 순서대로 이름을 지어요.
③ 발견된 장소를 따서 지어요.
④ 발견한 사람의 이름을 따서 지어요.

3 무엇에 대한 설명일까요?

이것은 물고기와 돌고래를 닮은 거대한 해양 파충류로, 공룡은 아니에요. 무엇일까요?

(   )

4 괄호 안의 알맞은 말을 넣어 보세요.

(   )사우루스는 이빨이 최대 30센티미터까지도 자란다고 해요. 먹잇감을 뼈째 씹어 먹을 정도로 무는 힘이 세서 가장 무시무시한 공룡으로 꼽히지요.

⑤ 다음 설명을 읽고 맞으면 O, 틀리면 X 하세요.

① 수컷 공룡은 암컷 공룡에게 잘 보이기 위해 볏이나 깃털로 자신을 뽐낸다. (   )

② 지금까지 육지에서 살았던 육식 동물 중 몸집이 가장 큰 동물은 미크랍토르이다. (   )

③ 익룡은 공룡이다. (   )

⑥ 빈칸에 알맞은 말을 넣어 보세요.

곤충이나 과일, 나뭇잎, 도마뱀 등 여러 종류의 먹이를 먹는 공룡을 ○○ 공룡이라고 해.

난 공룡 시대에 나타난 최초의 새, ○○○야. 날개에 달린 커다란 세 개의 발톱이 공룡의 흔적이지. 부리에는 날카로운 이빨이 있고, 기다란 꼬리뼈도 있어.

상상해 봐요! 재미있는 공룡

만약 내가 공룡이 된다면 어떤 공룡이 되고 싶나요?
(   )

공룡에게 생일 선물로 선물하고 싶은 것은?
(   )

공룡이랑 놀러 간다면 어디로 가고 싶나요?
(   )

공룡들이 무슨 이야기를 나눌까요? 말풍선에 써 보세요.

찾아보기

〈ㄱ〉
갈리미무스 24
공포새 29
구안롱 9

〈ㄷ〉
데이노니쿠스 20
데이노케이루스 33
디노사우로모르파 6
디플로도쿠스 13

〈ㅁ〉
마멘키사우루스 12, 17
마이아사우라 8, 9, 24
마중가톨루스 24
메갈로사우루스 10
메이 롱 9
미크로랍토르 7, 23, 25

〈ㅂ〉
벨로키랍토르 27, 33
브라키오사우루스 12, 25, 27, 32

〈ㅅ〉
사우로펠타 20
수퍼사우루스 24
스테고사우루스 24
스피노사우루스 32
시조새 22

〈ㅇ〉
아르젠티노사우루스 7, 26
안킬로사우루스 18
암석 30
어룡 11
오르니토미무스 21
오비랍토르 13
용각류 12, 26
유티라누스 9
육식 공룡 10
이구아노돈 33
익룡 23, 33

〈ㅈ〉
잡식 공룡 21
지층 30

〈ㅊ〉
초식 공룡 10

〈ㅋ〉
카르카로돈토사우루스 9
케찰코아틀루스 23

〈ㅌ〉
타르보사우루스 6, 11, 33
테리지노사우루스 16
토로사우루스 9
트로오돈 8, 32
트리케라톱스 9, 19
티라노사우루스 9, 10, 14, 16, 20, 24, 26, 31, 33
티타노사우루스 10

〈ㅍ〉
파라사우롤로푸스 12
파충류 6, 8
파키케팔로사우루스 19

〈ㅎ〉
헤레라사우루스 6
화석 30

교과 연계표

학년	연계 교과	내용
3~5세	누리과정	자연탐구
초등 3학년	과학	동물의 한살이
		동물의 생활
초등 4학년	과학	지층과 화석

퀴즈 정답

퀴즈로 다시 보는 공룡

★ 정답은 38쪽에 있어요!

① 초성 퀴즈를 맞혀 보세요.

풀이나 열매, 나뭇잎 등을 먹는 공룡을 초식 공룡이라 하고, 동물의 고기를 먹는 공룡을 ㅇ ㅅ 공룡이라 해요.

(육)(식)

② 공룡의 이름을 짓는 방법으로 틀린 설명은? (②)

① 공룡의 생김새나 특징을 보고 지어요.
② 숫자 1부터 순서대로 이름을 지어요.
③ 발견된 장소를 따서 지어요.
④ 발견한 사람의 이름을 따서 지어요.

③ 무엇에 대한 설명일까요?

이것은 물고기와 돌고래를 닮은 거대한 해양 파충류로, 공룡은 아니에요. 무엇일까요?

(어룡)

④ 괄호 안의 알맞은 말을 넣어 보세요.

(티라노)사우루스는 이빨이 최대 30센티미터까지도 자란다고 해요. 먹잇감을 뼈째 씹어 먹을 정도로 무는 힘이 세서 가장 무시무시한 공룡으로 꼽히지요.

⑤ 다음 설명을 읽고 맞으면 O, 틀리면 X 하세요.

① 수컷 공룡은 암컷 공룡에게 잘 보이기 위해 볏이나 깃털로 자신을 뽐낸다. (O)
② 지금까지 육지에서 살았던 육식 동물 중 몸집이 가장 큰 동물은 미크로랍토르이다. (X)
③ 익룡은 공룡이다. (X)

⑥ 빈칸에 알맞은 말을 넣어 보세요.

곤충이나 과일, 나뭇잎, 도마뱀 등 여러 종류의 먹이를 먹는 공룡을 ○○ 공룡이라고 해.

(잡)(식)

난 공룡 시대에 나타난 최초의 새, ○○○야. 날개에 달린 커다란 세 개의 발톱이 공룡의 흔적이지. 부리에는 날카로운 이빨이 있고, 기다란 꼬리뼈도 있어.

(시)(조)(새)